Lies mich: atemlos

Die Geschichte die sich selber schrieb

Ein kalter Abend. Lau wie mau die Gedanken. Immer spielend und nie tief. Was sich an diesem Abend tat, es war nichts Besonderes, kein Grund und doch löste sich die Schicht und sie rutschte weg von den gewohnt kindlichen Umgebung, tief in das Loch der eigenen Seele.

Es waren keine bunt gefiederten, phantastisch schreienden Vögel, es waren keine weltfremden Orte, mit plastischen Bewohnern und es erklang keine Stimme die kein Gesicht hatte.

Dass, was die Seele sah, war das Leben aus dem $27°$ Winkel, wenn man es von links unten betrachtet.

Der See den sie da sah, in dem sie sich nun schon so lange sah, verbarg seit dem Tag seine Tiefe nicht mehr. Leise hört man wie er singt. Er teilt die Wellen und macht sich flach. Nur aus Angst, die Angst zu dulden, taucht sie ein und merkt: Sich selbst. Ein $37°$ warmes Wasser. Ein volles Bewusstsein. Voller denn aus Dankbarkeit, als an Erstaunen. Sie dankt.

Zeit aufzutauchen. Es ist nicht dunkel oder hell, es ist weder kalt noch warm. Es brennt! So schön auf ihrer Haut. Und doch. Gemeißelt hat es sich ins Herz. Und kein Gefühl das sagt, du verlierst – wenn du jetzt gehst. Also taucht sie auf. Und ist ... das Meer. Und nichts erinnert mehr an die Zeit der Oberfläche. Nichts trübt ihr die Sinne. Klar wie Wasser ist das eine Auge. Und aus dem anderen sprudelt ihr das Wasser ins Gesicht. Ein Fisch auf Beinen. Ein Geist der lebt. Ein Mann als Mädchen.

Um der Richtigkeit halber von hinten anzufangen. Ein Versprechen, so schön dass es einer Idee gleicht, lenkt sie, ein Buch mit Worten zu schaffen. Sie sieht das Band und riecht das Leder. Und denkt zurück ... und will erklären ... und erinnert sich ... an nichts. Dass ist ein Geschenk der See. Rein füllen und auslassen heißt durchspülen. Filterlos. Alles sickert durch die Finger. Herrlich. Sie wird dich und sich über die Klippen an die Geschichte führen. Zeigen wie der Stein sich abgetragen hat und so versuchen – zu erinnern.

Ob du darin den Baum und die Frau wiedererkennst? Ob du an dessen Wurzeln Formen ihrer Finger siehst? Ob du es wohl schaffst, aus deinem Wunsch heraus, dich an dem Ende zu erfreuen?

Die Lust auf Glück

In Pose gesetzt

Hingestellt

Verzogen – grotesk

Verkrampfter Körper

Hass

Entbiege/Entzerre/Verstelle

Lass Licht darauf

Und Luft

Und Blitz

Und verschmelze mich

Zum Körper, der

Ich einst war

Café Glacé

2 Kugeln Mocca Eis, 1 Schuß Mocca Extrakt.

Überdecke es mit viel Sahne, bestreue es mit gemahlenen Nüssen. Strohhalm und Kekse dazu reichen.

Birthday

Ein Lied umspielt das starre Herz

Das Leben spielt, es füllt mir Schmerz

-den Kopf

Vibrierend in seiner … Last

Ein hastig geführter Tanz

Und Angst

Vor dem Unmöglichen

Fließend meine Adern

Absurdes Räkeln

Und Haar davor

Strähnt es deine Furcht

Weites Auge – fehlend Luft

Nächteretter

Versfresser

Lebenshüter

Irrsinntreibend schwarz Gewitter

Jetzt - flieh …

Blue-Dream

2 Kugeln Vanilleeis, 1 gr. Eßl. schwarzer Kirschen, 1
Schuß Blue Curacao, Schlagsahne. Mit Schlagsahne
und Kokosraspeln überziehen. Mit Keks und
Strohhalm servieren.

Arsen im Fleisch

Du siehst mich nicht

Der schlaue Fisch

Sie füttert dich

Ein Brot ein ei

Du weißer Ort

Gelobt der Gans

Die Uhr zum Tod

Musst rein

Und dreh die Tür weit auf

Die Flasche voll

Der Tau bald faul

Trinkt ein Bär

Im Hund die Gier

Anspornend in der Ferse

Möcht sie meinen

Tür zu gut

Beleidigt leben...tut so gut.

Träumerei im Glas

Zutaten: 1 Kugel Vanilleeis, 1 Kugel Erdbeereis, 3 Eßl.
Gemischte kleine Früchte, Glas bis zum Rand mit
Sodawasser füllen. Mit viel Sahne überdecken und
mit Früchten servieren. Kekse, Strohhalm und blaue
Cocktailschirme dazu reichen.

Dich – Du – Dein

Sturm du hast gesagt

Es gibt dich nicht

Ab nun

Zu tun – hast du gesagt

Und bist wie ich

Unablässig liderlich

Verachtend geifernd widerlich

Wie ich

Der Sturm

Er weht er geht

Doch nicht

Schaut und lüstert

Ach

Und wieder sag ich

Ewiglich

Blasend tosend

Will mich nicht

Der Sturm

Er geht

Und schaut doch nicht

Zu ihr

Sie singt

Ein Lied für dich

Mein brennend Feuer

Scheut mich nicht

Es wartet

Brennt

Und hindert mich

Zu lieben

Dich.

Face the Past

Und will ich werden

So fest hast dich…

Und muss ich sein

So sehr hasst dich…

Und komm zurück

Ich will dich nicht…

Du bist mein Bild

Und innerlich…

Die Scham die sagt

Vergiss mich nicht

So weiß ich

Das Alte gebärt

Das Neue

Beschert das Gute

Du schaust

14

Und siehst

So weich der Kern

Das Auge trügt

Holst mich zurück

Zum Licht – so dunkel

Innerlich

Gedanken brennend

Wie bin ich

Du Lied – du Jahr

Du roter Faden

Das alte Lied

Der Kameraden.

Wohl für das

Wilder Garten – Leichte Blume

Rollend Steine, weich wie...

Reißen, treiben

Schlag die Flüge

Sauf die Flüsse

Schlag die Hügel

Bedien dich an

Der Herzen Freude

Nimm mir auch

Die weise Eule

Klau mein Fell

Und lass mich frieren

Nimm mein Wasser – Raub den Frieden

Alles würde ich dir bieten

-wohl für das-

Eisbrecher

Erhitze 2 Liter Weißwein mit 1 Stange Vanille. 1 Ingwerstück und 200 gr. Zucker im feuerfesten Topf 15 Minuten ziehen lassen. Dann $\frac{1}{4}$ Liter gepressten Mandarinensaft und den Saft von 2 Zitronen dazugeben. Jetzt: $\frac{1}{4}$ Liter 54 % Rum in den Topf geben. Dieselbe Menge in einer Kelle anzünden und nachgießen.

Niemals endend

Stehend lebend

Schlafend Greis

Becher blickend

Klares Eis

Womit soll sie

Füllen

Ihren Becher

Lieb Glaube

Taub mit Fleiß

Blut und Bösem

Bricht das Eis

Sprich was willst du

Nehmend geben

Kann ich mich

Im Hauch verleben

18

Für mein Leben

Will sie geben

Alles was mein Herz je gab

Böses Gutes

Sprich, was willst du

Schönheit- Alter

Sag was nimmst du

Offen ist mein Arm...

~~Smoke~~

Was ist passiert?

Fragt der Tag die gestrige Nacht

Wo gehst du hin?

Pfeift der Wind dem Vogel

Wie tief wird es gehen?

Ängstigt die Erde das Tier

Hast nicht gedacht!

Warnt die Mutter den Sohn

Hab nur den Stein übersehen!

Jammert die Tochter

Wütend ihr Mann

Den Stein übersehen

Ein nur, warnt mich das Leben

Der Stein,

der ungelegen lag

brachte das Pferd zu Fall

ließ den Reiter stürzen

verzögerte die Nachricht

die an den Krieger gerichtet

der König zu spät gewarnt

-der Krieg war verloren-

Früher und Heute – und so ist es heute früh

Eingefallen ist mir

Gewusst was war

So sagt man – jetzt

Nicht sie

So kalt – so wild

Nicht sie

Die ging – die blieb

Du, der hoffte innerlich

Deshalb sie so…

Widerlich

Bekommen was ich wollte.

Heute –

Leidig sieht sie

Hofft sie – singt sie

Spricht sie – sieht sie

Alles was er war

So wirklich

Niemals war

Zu sehen heisst

Als Kind vorm Tod zu stehen

Was nicht sein darf

Ist wichtig so

Für sie – für dich

Erinnere dich.

Enttäusche sie

So prachtvoll ihre Zeit

Die sie besingt

Und wecke sie

So gefährlich die Tage waren

Und warne sie

Als stille Lüge

Vor Weiterem...

Ich sehe dich

Erkenne dich

Ich liebe dich

Und hasse dich

Ich denk an dich

Vergesse dich

Ich mal dich rot

Ich seh dich tot

Ich weine

Und spiele

Und leide und lebe

Ich lächle

Doch ich spreche nicht

Und heute sterbe ich für dich

Ich kenn dich nicht.

Gin-Tonic mit Früchten

Zutaten: 4 Gläser Gin, 4 Zitronenscheiben, 4
Cocktailkirschen, 4 Apfelsinenstücke, 4 Eiswürfel,
Tonic Water.

So macht man es:

4 Longdrinkgläser mit je einem Glas Gin, je eine
Frucht und ein Eiswürfel, so wie je einer
Zitronenscheibe. Mit Tonic Water befüllen und
sofort servieren.

Für Kinder: Früchte und Eiswürfel in ein Glas geben,
mit Himbeersirup und Selters Wasser auffüllen.

ReClosed

So wurde

Die Nacht zum Tag

Und wiederum

Ich begann, ich lebte

Dachte sie und

Wurde ein Fang

So groß der Fisch im fremden Netz

So grün das Haar

Und voller Tang

Sie ölte sich

So wurde

Das Leben zur unendlichen Frage

Zu wunderlich, so herb

Steht´s auf dem Grabe

Ein Stein bewachsen

So unleserlich

Ich verstehe…

Es wird Nacht.

Im Glauben

Weinend der Stolz – Ich danke Dir

Törichtes Alter – Gnade in mir

Nimm Raum

Und währe

Ewiglich

Die Gabe

Sei bei mir

Ich frage

Will – und sage

Ein Wunsch

Wie Gezeiten

Nässe sie, verweile

Glut, komm und geh

Die Schnelle ist´s

Und immer wieder.

Rosalie

6 Eßl. Wodka, 1 Eßl. Himbeersirup, süßen oder sauren
Sprudel nach Geschmack hinzufügen. Eiswürfel dazu
rein und mit einer Orangenscheibe garnieren. Im
Becherglas servieren.

Recognitum

Begriffen, verstehe…

Mich und sie und

Mich

Ist ich

Du weißt; verstehe

Es ist rotes im grünen

Und Trauer im Meer

Ich weiß

Und fühle – nichts.

Gut heißen was begriffen ist.

Ein töten meiner Unterdrückung

Danke dem…

Du weißt es;

Ein sachtes hinabgleiten

Ich bin… Zurück

Coupe Cerise

2 Kugeln Vanilleeis, viele rote Kirschen, 1 Schuß Cherrybrandy. Mit Sahne überdecken und mit gem. Mandeln überstreuen. Keks und Strohhalm dazu reichen.

Xypnisa

Ich sehe dich

Es hindert

Ein bisschen…mich

Und das Gesagte

Das thront im Buch

Es sei erklärt.

„Leben lassen", heißt

„Leben verlassen"

Und somit

Bin ich es

Den du verlässt

Ganz unbegreiflich

Grund im Grund und

Frage ins Nichts

Ich kenne es

Die Liebe bricht´s

Durch unbegreiflichen Grund

Wachst du auf

Es gab schon alles

Was ich sagte

Und doch… Nur die Hälfte

Die ich machte

Ich kann mich nicht mehr sehen

Auch wenn du´s tust

Auf Anhieb dichten – kann ich nicht

Doch dieses Wort – es gibt es nicht

Ganz tief, zu echt um tot

Sitzt tief

Ja, nur ein Wort

Ich darf es nicht

Die Tür sei zu – denn dann…

Ich will auf Ewigkeit

Zu ihren Füßen liegen

Und mich in diesem

Segen wiegen

Durch dieses Wort

Du weißt…

Es sei für dich

Mein Leben hör! Vergiss es nicht!

Und doch die Hälfte

Mein Liebes

Glaube ihr

Um zu wissen

Wie fähig ich bin

Dich zu vermissen

So wichtig du!

So nichtig Leben…

Doch dieses Wort…

Das darf´s nicht geben

Denn wo das Recht

Das sagt

So wichtig du… so wichtig du…

Siddharta

Und sie kam wieder nach Hause

Gleich Siddharta,

denn schwer vergisst sich

was ich sah...

lächelnd geht die Welt zugrunde

Wie lange lebt das in mir drin

-wenn nur ein Wort-

Es so oft sagt,

es fühle nichts

fühlt mich nicht

...und sie kam wieder nach Hause

Wenn die kleine Hand

Dich nicht zum zittern bringt

Das Feuer im Herz,

dich nicht zum fieber zwingt

wie lange lebt´s dann in mir drin

wenn nur ein Wort…

„Pass auf mich auf"

Sagte ihr Mund

Wie lächelnd sie verblutet

Dann, ein Versuch zu sein

Ein Stück aus zwei

Gehaltend von zitternd kleiner Hand.

Bettler die nichts ändern

Die Uhrzeit sei wie keine

So stolz um

Dir zu sagen, dass du mein Lebensinhalt bist

So liebevoll – Dass du´s vergisst

Mein Lebensinhalt bist du

Vergeudest meine Zeit

Steine sind zum bersten da

Und wieder passiert – was schon geschah

Mein gierig Herz war dir zu nah

Und nun mein Lebensinhalt

Knie und geh

Der Fraß vom Herz soll kämpfen

Der irre Puls soll enden

Mein Blick zum Frost sich wenden

Und Lebensinhalte beenden.

Himbeer-Eis-Drink

Zutaten: 4 Eßl. Tiefgekühlte Himbeeren, 1/8 Liter Milch, 3 Eßl. süße Sahne, 4 cl Himbeergeist, 3 Eiswürfel, 1 – 2 Kugeln Vanilleeis.

Himbeeren auftauen, einige für das Garnieren übrig lassen. Rest zerdrücken und mit Milch, Sahne, Himbeergeist und den Eiswürfeln im Shaker gut schütteln. In einen großen Kelch oder Becherglas abseihen und die Eiskugel hineingleiten lassen. Mit den restlichen Himbeeren garniert servieren. Nie den Cocktailschirm vergessen

Geliebter Fremder

In Gedenken-möchte ich´s sagen

Dein Gesicht in meiner Hand

Küssen müsste ich es können

Es war Frieden, den ich fand.

Fremder! Singt die Ewigkeit

Zeig mir Ballen aus Sodom

Früchte des Zusammenseins

Auch dein Leben sei nun meins.

Deine Liebe gierte nach den Früchten

Fraß sie, bevor ich sie sah

Nur die Ballen sah ich noch

Sodom´s Schatz hatte ein Loch.

Fremdes Leben

In Ehren haltend und gedenkend

Zeigtest mir...

Vergängliches.

Overload

Und dann…

Wenn sie bitter weint

Dann…

Streicht er

Fasst er mit gieriger Hand

Erfasst und hasst

Im gleichen Augenblick

Den heißen Leib

Der grad erstarrt

Und Fetzten füllt die nasse Hand

Meines geliebten Götzen

So hohl und schön

So fühl ich dich

Wenn nass im Stein

Wie Tod in meinem Sein

Bleibt Pulver nur zurück

Blutig Fleisch

Und dein erschrockenes Gesicht

So widerlich und feucht

Kein Reiben facht mehr Feuer

Und esst von meinem Leib

Und trinkt von meinem Blut

Wie episch er mich tötet

Ein Vatikan nährt Nymphomanen

Geliebter komm,

und trink mein Blut

die Vergewaltigung tat gut.

Fade away

Wie hart er greift

Die schwache Hand

Vom Augenblick

War ich gebannt

Sah zu

Wie Gott dich hat entmann

Und lächle seelig

Und blutendem Mund

Und gebe Schuld und Sühne kund

Wie die Liebe einst,

die im Leben saß

und Adams Erben dabei vergaß

so süß wie sie

saß ich in mir,

und lächelte im Käfig

44

…die Hand drückt zu…

Hades sitzt im Boot und fischt

Auch er lächelt und schaut zu

Wie ein Menschenlicht erlischt!

(....)

Das Größte was ich hab

Sei dein

Der ausgekotzte Liebe Schein

Verklebte dein Gesicht

Und nahm die Luft zum atmen

Meine ganze Liebe

Die ich hab, gehört dir

Wie könnt´ ich sonst …

Mein totes Baby war von dir.

Schöner als jeder Engel

So klein und warm

Mein kleines Mädchen

Lag sie auf meinem Bauch

Und schlief

Ein kleiner Engel der nichts sieht

Die Welt

War ihr zu klein zum atmen

So stolz war sie

Nicht einmal versuchte sie...

Wollt nichts wissen von der Welt

Ein kleiner blauer Engel

Totgeboren war das Glück

Ein kleines totes Stück

Von mir ... von dir ...

Tag für Tag

Was rätselt ihr ...

Der tote Engel,

war von mir.

Fürchte mich

(Und so verkaufte ich mein Glück)

Die Welt sieht so viel Gut in dir

Mein Schöpfer

Sterbend für die Mädchen

Die Angst saugt soviel Blut aus mir

Mein Schöpfer

Leidend für den Jungen

Sie selbst ist so viel Nichts – zu dir

Mein Schöpfer

Schöpf aus mir

Leben nehmend den Lebendigen

Leidzufügend den Leidvergessenen

48

Träumeraubend Teufel deiner Kinder

Ich beende dich, solltest du …

Ich suche dich, würdest du …

Ich zeig mich dir …

Raubest du mich meines Ursprungs.

Abendgebet I

Um fort zu sein

Und erwartet zu werden

Um einzufangen

Ein Gefühl

Ich find es nicht

Halte das Gesicht

Richte den Weg

Ich werde

Werde laufen

Und werde es auch wollen

Zurückzulaufen

Erinnere mich weg

Hell und bekannt ist mir der Weg

Der führt zu dir …

-warte-

Zurück.

Ein Anderes.

Gib Seil nach vorn

Und Platz nach hinten

Gib Kraft mich ewig nicht zu binden.

Abendgebet II

Gib mir die Sonne die mir den Weg leuchtet ...

Um dir davonzulaufen.

Gib mir der Strahlen Wärme ...

Auf dass es mich ohne dich niemals friert.

Gib mir den Frieden ...

Den ich uns im Kampf genommen.

Gib mir den Nebel ...

Der dich umgeben soll um meinen Angriff zu
verstecken.

Gib mir den Nordwind ...

Der dich aus meinem Kopf bläst.

Gib mir den Blitz ...

Der mir Absolution schenkt.

Gib mir Nächte ...

In denen ich dich in fremden Armen verliere.

Und gib mir die Liebe ...

Dich mich all das nie wünschen lässt.

Warum schläfst du I

Für dich

Kein Schlaf, kein Wort, kein Land, kein Tag

Sie will

Nur dich, für mich

Nichts trümmert mir den Stein

Im Hals soll er ihn spüren

Ein Teil der Liebe die erstickt.

Ein Teil, der so, nicht ihr gehört

So nichts, woran du denken kannst

Ein Auge immer wach

Ein Mund, der niemals satt

Die Müdigkeit, ein Nichts

Denk nur an mich

Lebe nur für diese Eine

Gib mir Leben in die Hand

Und füttere mich …

Mit Wahn.

Warum schläfst du II

Ich will nicht dass du schläfst

Und nur noch für mich lebst

Ich will nicht dass du isst

Und nur noch von mir sprichst

Ich wünsch dir keinen Frieden

Dein Licht will ich besiegen

Ich will dich immer ewiglich

Und würde weiter innerlich

Du pflügst ein Leben leicht in mich

Und ich verteidige ... den Stein.

Eiersekt

Zutaten: 6 cl Eierlikör, 3 Eiswürfel, ½ Grapefruit,
Sekt zum Auffüllen.

Grapefruit auspressen, Saft in den Mixer geben und
Eierlikör hinzufügen. Mit den Eiswürfeln kräftig
schütteln oder mit dem Quirl gut verschlagen. In ein
großes Cocktailglas oder in eine Sektschale gießen.
Dabei die Eiswürfel zurücklassen. Mit dem Sekt
auffüllen, dazu ein Strohhalm reichen.

Warum schläfst du III

Fülle meine Hände

Kalt und hart mein Leben

Unbrechbar, es ist mein

Verstecken wird sie

Ein graues Ding

Es schläft am Tag, bewacht die Nächte

Ein Heim im Herz hat es gefunden

Sie – ihn

(auch) er – sie

Wen kümmert es

Wie hart er ist

Ihr Auge macht es königlich

Er liegt so tief

Und frisst der Zukunft Wurzeln

Ein Schatz in ihrem Denken

So lieblich es auch klingen mag

Ein kurzer Blick ... was mag es sein

Doch suche nie

Nach meinem Stein.

Wenn nur eine Farbe sprechen könnte

(oder: Mea Maxima Culpa)

Wer sagt mir

Was falsch was recht,

zu hohl der Mensch

zu bunt die Natur

schau nicht in die Farben

die du nicht erkennst,

sie könnten dir zu blass erscheinen.

Bäume wollten nie auf Menschen fallen

Feuer, nie dein Kind dir rauben

Und dennoch-

Sprichst du schuld

Was stimmt jetzt nicht?

Plötzlich gibt es niemanden der spricht

Und warum?

Weil du erkennst

Wie einseitig du bist

Zu einseitig um Schönheit zu bereifen

Zu ängstlich hängst du jetzt an deinen

Dir bekannten Farben

Schließt die Augen vor meinen Narben

Die keine sind.

… aber, was ist denn nun mit deinen Augen?

Blind, bist du mein Freund

Menschen die nichts taugen

Verschließen in meiner Gegenwart die Augen.

(...)

Was er macht

Gefiel ihr nicht

Er wollt sie sehn

So nackt im Licht

So klein ist kein Gefühl

So klein, das lebt sie nicht

Das lebt sie nicht – das lebt sie nicht

Tot genug für einen Kuss – das war ich nicht

Das war ich nicht

Engel gebären nur im Licht

Merken sollst du

-mich im Licht

Für´s kämpfen... bleibt die Zeit mir nicht

Kirsch-Aperitif

Zutaten: 2 Eiswürfel, 4 cl Kirschlikör, 2 cl Gin, 1 cl Zitronensaft, 1 Spritzer Bitterorange.

Die Eiswürfel mit allen Zutaten in den Shaker geben und schütteln bis er beschlägt. Dann hat die Mischung die richtige Temperatur. In eine Cocktailschale gießen und als Aperitif servieren.

Geboren ohne Glut

Sie liebt und zeigt

Ein „leichtes Ich"

Sie singt und spielt

„ich liebe dich"

Und denkt

Gefangen ist er…innerlich

Und singt und singt

„ach, denke nicht"

Im Käfig

Sitzt er

Sie schaut zu

Bereut und giert

Sie liebt das Meer

Geboren bin ich

Was tust du?

Sie sitzt im Käfig

Du schaust zu

Und würd sie segeln? Ohne Flut?

Und will der Wind

So wird auch sie

Ob mit dir oder

Ohne dich

Mein Segel, es sitzt innerlich

-so, sinkt die Schuld

Sinkt tief, in dich

Die See schlingt viel

Vergiss es nicht.

Tu was du willst – und wie ich denk

Sie weiß

Sie hat

Hat viel

Und alles

Ist zu wenig

Alles-besteht

Neues-berührt

Er

Er weiß

Kennt sie

Sie hat

Für ihn

Nichts

Nichts übrig

Denkt sie

66

Orangenkorn

Zutaten: 3 Eiswürfel, 4 cl Weizenkorn, 1 Spritzer
Campari Bitter, Orangensaft zum Auffüllen.

Die Eiswürfel und den Weizenkorn in ein Becherglas
geben und einen kräftigen Spritzer Campari
hinzugeben. Einmal umrühren und mit Orangensaft
aufgefüllt servieren. Ein Strohhalm dazu anbieten.

(…)

Erinnert sich der ihren

Erinnert sich an Kraft und Tugend

Du

Hast nichts

Und hast

Nur mich

Und Neues

Heißt für dich …

So nicht

Sie geht bevor du kommst

Und kommt wenn du gehst

Himmel öffne dich

Gib mir die Welt

Die in mir liebt.

Katrin

Zutaten: 3 Eßl. Pfefferminzlikör (Sirup), 3 Eßl. Milch nach Geschmack, kühl servieren.

Die List

Ein weiter Weg

Den sie gemacht

So lange war ich still in mir

Ich atme nicht

Verstehe nicht

Den Weg den sie getan

Sie sieht ihn nicht

Den dunklen Pfad

Den schwarzen Wald

Ich atme nicht

Die Zeit mir bleibt

Ich wart auf dich

Und denke nicht

Für dich

Das dunkle Nichts

Was schert es mich?

Fragst du

Und ging Gefahr

Zu erkennen

Verstecke mich

Und seh mich nicht

Das tiefe Loch ich stricke

Der Äste Wald

Der Ende Brücke

Schau weg!

(ich) ersticke!

Aliki

Zutaten: Saft einer Orange, 2 Eßl. Himbeersirup, 4 Eßl. Campari Bitter, 2 Eßl. Brandy, nach Geschmack Quellwasser hinzufügen. Zum Garnieren: 1 Scheibe Orange oder eine Kirsche.

Wie konnt ich das nur sagen?

Brech entzwei

Dein Mund dein Leib

Was schert sie mich,

die Hurerei?

Wo Menschen doch nur Kräfte rauben

Frauen an den Männern saugen

Kinder nur zum Sterben taugen

Wie wohl mir ist ...

Im Mund...im Herz

Wie wohl es ist

Zu tun, als sei es nur ein Scherz

Aus meinem Mund

Da zücht ich euch

Die Hurerei.

Zwetschgenwasser-Cocktail

Zutaten: 2 Eiswürfel, 4 cl Zwetschgenwasser, 2 cl
Pflaumensaft, 1 cl Wermut.

Eiswürfel mit allen anderen Zutaten mit einem
Shaker gut schütteln und in ein Cocktailglas seihen.
Sofort servieren-sonst verliert der Drink seine Frische.

Der Märtyrer

Hil Sephraim

Il Sephraim

Tarr tarr

Hell sephraim

Gebaided

Bondet sephraim

End armes

Bonded sephraim

De Beene

Knickend Sephraim

Blendet poorness Sephraim

Lallend gähnend Sephraim

End Wut beflügelt

Hass gebondet

Leid empfondet Sephraim

Autsela

Zutaten: 2 Eßl. Rum, 1 Eßl. Zitronensaft, gesüßten
Tee nach Geschmack hinzufügen. Eiswürfel, mit
Zitronenscheiben garnieren.

Christa

Zutaten: 4 Eßl. Grapefruitsaft (Sirup), 1 Eßl.
Zitronensaft, Quellwasser oder Sprudel nach
Geschmack. Kühl servieren.

Das ist Glück

Das Sprechen

Mag sein

Zu schwächen

Den Geist

Zu schweigen

Begreif

Wird senken

Den Stolz

Wie schön

Sieh hin

Wenn klein sie ist

Wie klein sie ist

Und hebt den Kopf

Es blendet dich

Der schwache Strahl

Ihr gebrochenes Antlitz

Schweigt.

Maria

Zutaten: 4 Eßl. Grapefruitsaft, 2 Eßl.
Granatapfelsaft, Sprudel nach Geschmack, kühl
servieren. Zum Garnieren: Grapefruit Scheiben und
rosa cocktailschirme.

Magdalena

6 Eßl. Cherry, Brandy, 2 Eßl. Zitronensaft, Sprudel
nach Geschmack. Zum Garnieren: Zitronen und
Kirschen.

(Da) raus

Atmende Reue

Ruht in dir

Verschmutzte Winde

Wehen mir

„anstatt zu dulden"

Sag ich mir

„als Wechsel schulden"

Denk ich mir

Leg ab das Kleid

Entblöß darunter

Die Maschen quer

Ein leben

Leben

Leben nehmend gebend

Fließend schießend

Wund sein

Risse

Im Denken

Und unentwegt

Sie traut sich

Es zu geben.

Glace Royal Apricot

2 Kugeln Vanilleeis, Aprikosen Scheiben, 1 Schuß
Aprikosenbrandy. Überdecke es mit viel Sahne,
bestreue es mit gem. Mandeln. Vergiß nicht den Keks
dazu

Mobile

Alle Tage dir

Alle Nächte für die Tage

Die ganzen Tage für die Hoffnung

Die traurigen Wünsche für das Jahr

Zum Wiederkehren schön

Die Augen zu

Gesicht nach oben

Umkreisen sich die Wogen

Alle Tage dir

Alle Nächte für die Tage

Die ganzen Tage für die Hoffnung

So huldigt dir...

-

Ein dummer Zirkel

Silence solves

Wie sprudelnd

Ihre Ungeduld

Befunden für

Ungeheuerliche Starrheit

Die schmerzt.

Das Fehlende

Klafft Platz

Gibt Raum

Für...

Die Blasen blasend

Steigen ihr

Zum Kopf, zur Stirn

Und tosen mir

So unentwegt

Im Herz

Sanfter glatter Spiegel

Schmiegsam auf der Haut

Zerteilt den Schmerz.

Hier endet es?

Heute nicht.

Dessert Sorbet

Zutaten: 1 Kugel Vanilleeis, 1 Kugel Erdbeereis, 1
Kugel Moccaeis, 1 Kugel Malagaeis, Früchtesoße,
Glas mit Soda-Wasser auffüllen. Sahne obendrauf,
Keks und Strohhalm dazu reichen.

Danke

Für Anastasia, das schönste Mädchen für das ich tiefste Liebe empfinde. Danke dass es dich gibt!

Für Joti, dir gelten die besten Gespräche in wirren Zeiten, danke dass du da bist!

Für meine Mutter. „Die Geschichte die sich selber schrieb" ist mein eingelöstes Versprechen. Ich liebe Dich!

Für meinen Papa, der stets Kampfgeist in mir weckt und vieles weit vor mir sieht.

Für Hanni, DU bist die Hebamme! Das hier ist nichts ohne dich. Du bleibst so viel für mich, immer.

Für Czab – man of all years – der nie einen Zweifel daran ließ, dass die 1 in Deutsch verdient war.

Für Manuel, lass deine Traurigkeit nie zur Bitterkeit werden. Ein Mann wählt eine Frau, nie umgekehrt.

Für Brice, der ehrbar stets mit mir die richtigen Leute zerhackt hat. Mein Spiegel, im Dunkeln.

Für Kiwi, die Kämpferin die nie Böses in mir sieht.

Für Thomasso-Vanitas-San, den die Eitelkeit nie besiegt hat. Nach wie vor, mit dir würde ich sonst wo hin gehen.

Für Eugen, der Fischer der selbst Feuerquallen nicht aus dem Netz wirft, danke für die Gespräche.

Für Joachim M., der tote Dichter und Staatsfeind Nr. 1, der schneller aus meinem Leben ging wie ich es mir gewünscht hätte.

Für alle schönen Zeiten, für alles Glas und für jeden Wahn, für alles Gesehene und Verstandene, für alle Begleiter, Zweifler, Lenker, Ratgeber, Illusionisten und perfide Zeitgeleiter.

Für das Meer.

Herstellung und Verlag: Books on Demand GmbH,
Noderstedt.
ISBN 978-3-8370-2218-6
92